Índice

¿Puedes encontrar estas palabras?

abrazar

acicalar

frutas

herramienta

¿Qué hacen los chimpancés?

Los chimpancés son simios. Viven en África.

3

Los chimpancés comen muchas cosas.

Les gustan las **frutas**, las semillas y los huevos.

frutas

5

¡Un chimpancé puede usar una **herramienta**!

herramienta

Los chimpancés usan palos para hurgar y cavar.

Los chimpancés viven juntos. Ríen y se **abrazan**.

abrazan

9

Los chimpancés se **acicalan** entre ellos.

Los amigos les quitan los insectos y la suciedad.

¡Los chimpancés hablan!

Gruñen y hacen señas con las manos.

¿Encontraste estas palabras?

Ríen y se **abrazan**.

Los chimpancés se **acicalan** entre ellos.

Les gustan las **frutas**, las semillas y los huevos.

¡Un chimpancé puede usar una **herramienta**!

Glosario fotográfico

 **abrazar**: demostrar amor pasando tus brazos alrededor de alguien.

 **acicalar**: limpiar, cepillar y cuidar el cuerpo de un animal o ser humano.

 **frutas**: partes de plantas con flores que tienen semillas. Las manzanas, las uvas y los melones son frutas.

 **herramienta**: instrumento que se utiliza para desempeñar un oficio o un trabajo. Los martillos y los ejes son herramientas.

15

Índice analítico

Sobre la autora

Lisa Jackson es una escritora de Ohio. Le gustaría visitar África algún día, especialmente para ver sus increíbles animales. Por ahora, le gusta alimentar a las jirafas en el zoológico de Columbus.

www.rourkeeducationalmedia.com

PHOTO CREDITS: cover: ©USO; pages 2, 10, 14, 15: ©PhilDarby; pages 2, 4, 14, 15: ©wrangel; pages 2, 6, 14, 15: ©markrhiggins; pages 2, 8, 14, 15: ©Windzepher; page 3: ©ANDREYGUDKOV; page 12: ©abadonian

Edición: Keli Sipperley
Diseño de la tapa e interior: Rhea Magaro-Wallace
Traducción: Santiago Ochoa
Edición en español: Base Tres

Library of Congress PCN Data
Chimpancé / Lisa Jackson y Santiago Ochoa
Animales africanos
ISBN 978-1-73162-931-9 (hard cover - spanish)(alk. paper)
ISBN 978-1-73162-923-4 (soft cover - spanish)
ISBN 978-1-73162-937-1 (e-Book - spanish)
ISBN 978-1-73163-360-6 (ePub - spanish)
ISBN 978-1-73160-560-3 (hard cover - english)(alk. paper)
ISBN 978-1-73160-446-0 (soft cover - english)
ISBN 978-1-73160-609-9 (e-Book - english)
ISBN 978-1-73160-683-9 (ePub - english)
Library of Congress Control Number: 2019944975

Printed in the United States of America,
North Mankato, Minnesota